"LAVORARE NEL FUTURO"

L'intellettuale Artificiale

Indice

Introduzione

Negli ultimi anni, il mondo del lavoro ha subìto una trasformazione senza precedenti. L'avvento delle tecnologie digitali, l'intelligenza artificiale, l'automazione e la connettività globale hanno cambiato radicalmente il modo in cui lavoriamo e interagiamo con le organizzazioni. Questo libro, "Lavorare nel Futuro", esplora le sfide e le opportunità che il futuro del lavoro presenta e fornisce un quadro completo per adattarsi e prosperare in questo nuovo scenario.

Il progresso tecnologico ha portato a un aumento dell'automazione e dell'intelligenza artificiale, con un impatto significativo sulle professioni tradizionali. Molti lavori sono stati sostituiti da macchine e algoritmi, mentre nuove professioni emergono in settori come l'intelligenza artificiale, la robotica, l'analisi dei dati e lo sviluppo delle tecnologie emergenti. È essenziale comprendere questa dinamica di cambiamento per poter cogliere le opportunità che il futuro del lavoro offre.

Un altro aspetto cruciale del lavoro nel futuro riguarda le competenze richieste. Oltre alle competenze tecniche e digitali, le abilità trasversali come la creatività, la comunicazione, la collaborazione e la capacità di apprendere in modo continuo diventano sempre più importanti. Il libro esplorerà le competenze chiave per il successo nel mondo del lavoro in evoluzione e fornirà consigli pratici su come svilupparle e potenziarle.

L'aspetto della flessibilità lavorativa è diventato un elemento centrale nella discussione sul futuro del lavoro. Il lavoro remoto, la flessibilità degli orari e le nuove modalità di organizzazione del lavoro stanno trasformando il concetto stesso di luogo di lavoro. Esploreremo le sfide e i vantaggi di queste nuove modalità di lavoro e forniremo suggerimenti per gestire in modo efficace la flessibilità lavorativa.

Inoltre, l'evoluzione del lavoro ha portato alla crescita dei team virtuali e della collaborazione online. La capacità di lavorare in modo efficace attraverso confini geografici e culturali diventa fondamentale. Esamineremo le strategie per gestire i team virtuali e le tecnologie che facilitano la collaborazione a distanza.

Tuttavia, il futuro del lavoro solleva anche importanti questioni etiche e sostenibili. Dobbiamo considerare l'impatto sociale e ambientale delle nostre attività lavorative e promuovere un approccio etico e sostenibile. Esploreremo i valori e i principi etici nel contesto lavorativo e discuteremo l'importanza della sostenibilità per il futuro delle organizzazioni.

Infine, il libro analizzerà le tendenze emergenti nel mondo del lavoro e fornirà una prospettiva sul futuro. Esamineremo il concetto di lavoro ibrido, i nuovi modelli organizzativi e le competenze richieste per adattarsi a un mondo in costante cambiamento. Prepararsi per il futuro del lavoro diventa essenziale per avere successo e realizzare appieno il proprio potenziale.

"Lavorare nel Futuro" è una guida completa per coloro che desiderano comprendere il panorama in continua evoluzione del lavoro e adattarsi alle sfide e alle opportunità che il futuro presenta. Attraverso l'analisi delle tendenze, l'esplorazione delle competenze chiave e la discussione sulle implicazioni etiche e sostenibili, il libro fornisce una visione approfondita e pratica per navigare nel mondo del lavoro in trasformazione.

Capitolo 1: Lavoro nell'era digitale

1.1 L'impatto delle tecnologie emergenti sul mercato del lavoro

Nell'era digitale in cui ci troviamo, le tecnologie emergenti stanno trasformando il mercato del lavoro a un ritmo senza precedenti. L'intelligenza artificiale, l'automazione, la robotica, l'Internet delle cose e altre innovazioni stanno influenzando profondamente la natura stessa dei lavori e delle professioni. Queste tecnologie offrono opportunità straordinarie, ma al contempo pongono sfide significative per i lavoratori.

Uno degli impatti più evidenti è l'automazione dei compiti ripetitivi e manuali. Le macchine e gli algoritmi possono svolgere compiti che un tempo richiedevano la presenza umana, portando a una riduzione della domanda di lavoro in alcune occupazioni. Allo stesso tempo, nuovi lavori stanno emergendo nei settori legati alle tecnologie, come la progettazione e lo sviluppo di software, l'analisi dei dati e la gestione dei sistemi automatizzati.

1.2 La digitalizzazione delle professioni tradizionali

La digitalizzazione sta impattando anche le professioni tradizionali, aprendo nuove opportunità ma richiedendo anche una ridefinizione delle competenze richieste. Settori come il giornalismo, la pubblicità, la medicina, il settore legale e molti altri stanno affrontando cambiamenti significativi a causa dell'automazione e dell'utilizzo di strumenti digitali. La capacità di adattarsi a nuovi strumenti e modelli di lavoro diventa essenziale per rimanere competitivi.

1.3 Nuove opportunità lavorative create dalla tecnologia

D'altra parte, la tecnologia sta anche creando nuove opportunità lavorative. L'espansione dei social media, delle piattaforme online e dell'e-commerce ha aperto nuovi canali per l'imprenditorialità e la creazione di lavoro autonomo. Le persone possono avviare attività online, offrire servizi freelance e raggiungere un pubblico globale. La flessibilità e l'accessibilità offerte da queste nuove modalità lavorative stanno cambiando la struttura tradizionale dell'occupazione.

In questo contesto, diventa fondamentale acquisire e sviluppare le competenze richieste nel mercato del lavoro digitale. Le abilità digitali, come la capacità di utilizzare strumenti e piattaforme digitali, la comprensione dei dati e l'analisi, sono diventate indispensabili in molti settori. Inoltre, competenze trasversali come la creatività, il pensiero critico, la capacità di problem solving e la collaborazione sono sempre più richieste per affrontare le sfide complesse che il futuro del lavoro presenta.

In sintesi, il primo capitolo del libro "Lavorare nel Futuro" illustra l'impatto delle tecnologie emergenti sul mercato del lavoro. Esamina i cambiamenti in corso nelle professioni tradizionali, evidenzia le nuove opportunità lavorative create dalla tecnologia e mette in luce l'importanza di sviluppare competenze digitali e trasversali per adattarsi a questa nuova realtà lavorativa.

Capitolo 2: Competenze chiave per il futuro del lavoro

2.1 L'importanza delle competenze trasversali

Nel panorama del lavoro in continua evoluzione, le competenze trasversali giocano un ruolo fondamentale. Queste abilità, chiamate anche soft skills o competenze umane, sono capacità cognitive, sociali ed emotive che consentono alle persone di adattarsi, interagire e avere successo nell'ambiente lavorativo. A differenza delle competenze tecniche, che sono specifiche di un determinato campo o professione, le competenze trasversali sono trasferibili e utili in molteplici contesti.

Alcune competenze trasversali essenziali includono la comunicazione efficace, la capacità di lavorare in team, il pensiero critico, la creatività, la leadership, la flessibilità, la gestione del tempo e la risoluzione dei problemi. Queste abilità sono richieste in quasi tutti i settori e giocano un ruolo cruciale nell'adattarsi alle nuove sfide e alle dinamiche di lavoro emergenti.

2.2 Competenze digitali e tecnologiche richieste nel futuro

Oltre alle competenze trasversali, le competenze digitali e tecnologiche sono sempre più importanti per il futuro del lavoro. La digitalizzazione e l'automazione stanno trasformando molte attività lavorative e richiedono una solida comprensione delle tecnologie digitali. Queste competenze includono la capacità di utilizzare strumenti e software specifici, la comprensione dei concetti di base di programmazione e l'analisi dei dati.

Le competenze digitali possono variare a seconda del settore, ma alcune competenze fondamentali includono la conoscenza delle applicazioni di produttività come i fogli di calcolo e i software di presentazione, la capacità di utilizzare strumenti di progettazione grafica e la familiarità con i principali concetti di sicurezza informatica e privacy dei dati. Essere in grado di adattarsi rapidamente alle nuove tecnologie e di apprendere in modo continuo diventa cruciale per rimanere competitivi sul mercato del lavoro.

2.3 Abilità sociali ed emotive nell'ambiente di lavoro

Oltre alle competenze tecniche e digitali, le abilità sociali ed emotive giocano un ruolo sempre più importante nel contesto lavorativo. La capacità di comunicare in modo efficace, di collaborare con gli altri, di gestire i conflitti e di sviluppare relazioni positive sono qualità che le organizzazioni valutano sempre di più nei propri dipendenti.

Le abilità sociali ed emotive, come l'intelligenza emotiva, l'empatia, la consapevolezza di sé e degli altri, la capacità di risolvere i problemi in modo collaborativo e di adattarsi ai cambiamenti, possono influenzare positivamente la produttività, la creatività e l'efficacia complessiva di un individuo nel contesto lavorativo.

2.4 L'apprendimento continuo come competenza fondamentale

Data la velocità con cui il mondo del lavoro sta cambiando, l'apprendimento continuo diventa una competenza fondamentale. Essere in grado di acquisire nuove conoscenze, adattarsi a nuove tecnologie e sviluppare competenze aggiornate è essenziale per restare rilevanti e competitivi.

L'apprendimento continuo può avvenire attraverso la partecipazione a corsi di formazione, l'autoapprendimento online, la partecipazione a conferenze e seminari, o attraverso l'apprendimento sul campo. Essere aperti al cambiamento e alla crescita personale e professionale diventa un vantaggio significativo nell'affrontare le sfide e cogliere le opportunità che il futuro del lavoro presenta.

In conclusione, il secondo capitolo del libro "Lavorare nel Futuro" mette in luce l'importanza delle competenze chiave per affrontare le sfide e le opportunità del lavoro nell'era digitale. Esamina l'importanza delle competenze trasversali, delle competenze digitali e tecnologiche, delle abilità sociali ed emotive e dell'apprendimento continuo come fattori determinanti per avere successo e prosperare nel mondo del lavoro in evoluzione.

C apitolo 3: Lavoro flessibile e nuovi modelli organizzativi

3.1 Lavoro remoto e flessibilità

Negli ultimi anni, il concetto di lavoro flessibile ha guadagnato sempre più importanza. La tecnologia avanzata, come la connettività internet e le piattaforme di comunicazione online, ha reso possibile il lavoro remoto e la flessibilità degli orari. Sempre più aziende stanno adottando modelli di lavoro che consentono ai dipendenti di lavorare da casa o da qualsiasi altra posizione geografica, offrendo loro una maggiore autonomia nel gestire i propri impegni professionali e personali.

Il lavoro remoto offre numerosi vantaggi sia per i dipendenti che per le aziende. Per i lavoratori, significa una maggiore flessibilità nella gestione del tempo, la possibilità di eliminare gli spostamenti pendolari e la creazione di un ambiente di lavoro personalizzato. Per le aziende, può significare una maggiore produttività, la riduzione dei costi operativi e la possibilità di attrarre talenti da qualsiasi parte del mondo.

3.2 Team virtuali e collaborazione online

In parallelo al lavoro remoto, i team virtuali stanno diventando sempre più comuni nelle organizzazioni. I team virtuali sono gruppi di persone che lavorano insieme su progetti o compiti, ma sono fisicamente distanti l'uno dall'altro. La collaborazione online e gli strumenti di comunicazione virtuale consentono ai membri del team di condividere informazioni, coordinare attività e prendere decisioni senza la necessità di incontri faccia a faccia.

Tuttavia, la gestione dei team virtuali presenta sfide uniche. La mancanza di contatto fisico può influire sulla comunicazione e sulla coesione del team. La differenza di fusi orari e le barriere linguistiche possono complicare ulteriormente la collaborazione. È fondamentale sviluppare competenze di comunicazione virtuale, gestione del tempo e leadership per garantire che i team virtuali funzionino in modo efficace e raggiungano i loro obiettivi.

3.3 Nuovi modelli organizzativi

Oltre al lavoro remoto e ai team virtuali, stanno emergendo nuovi modelli organizzativi che sfidano le tradizionali strutture gerarchiche. L'approccio più flessibile e decentralizzato dell'organizzazione del lavoro sta diventando sempre più popolare. Modelli come l'organizzazione a matrice, l'organizzazione basata su progetti e l'organizzazione flat permettono un maggior coinvolgimento dei dipendenti, favoriscono la collaborazione tra diverse funzioni e promuovono l'innovazione.

Questi nuovi modelli organizzativi richiedono una cultura aziendale aperta al cambiamento, una comunicazione trasparente e un'attitudine al lavoro di squadra. Inoltre, richiedono una maggiore fiducia e autonomia dei dipendenti per prendere decisioni e assumere responsabilità.

3.4 Bilanciamento tra vita lavorativa e vita privata

La flessibilità lavorativa e i nuovi modelli organizzativi offrono la possibilità di un miglior bilanciamento tra vita lavorativa e vita privata. Consentono ai lavoratori di adattare i propri orari di lavoro alle loro esigenze personali e familiari, riducendo lo stress e migliorando la qualità della vita.

Tuttavia, è importante trovare un equilibrio sano tra lavoro e vita privata. La mancanza di confini chiari tra lavoro e vita personale può portare a un'overload di lavoro e a una diminuzione della produttività. È necessario stabilire limiti, impostare orari di lavoro e prendersi il tempo necessario per il riposo e il benessere personale.

In sintesi, il terzo capitolo del libro "Lavorare nel Futuro" esplora il concetto di lavoro flessibile e i nuovi modelli organizzativi che stanno trasformando il modo in cui lavoriamo. Esamina i vantaggi e le sfide del lavoro remoto, dei team virtuali e dei modelli organizzativi più flessibili. Mette in evidenza l'importanza del bilanciamento tra vita lavorativa e vita privata in un contesto lavorativo sempre più flessibile e connesso.

C apitolo 4: Etica e sostenibilità nel lavoro del futuro

4.1 L'importanza dell'etica nel contesto lavorativo

Nel contesto del lavoro nel futuro, l'etica svolge un ruolo sempre più importante. Le aziende e i lavoratori devono affrontare questioni etiche complesse legate all'utilizzo delle tecnologie, alla privacy dei dati, all'intelligenza artificiale e all'automazione. È fondamentale adottare pratiche lavorative etiche che promuovano l'equità, la trasparenza e il rispetto dei diritti umani.

L'etica nel lavoro del futuro richiede anche la responsabilità sociale delle imprese. Le aziende devono considerare gli impatti delle loro attività non solo sugli azionisti, ma anche sulle comunità, sull'ambiente e sul benessere sociale. La sostenibilità ambientale, la diversità e l'inclusione, e il coinvolgimento nella comunità diventano aspetti cruciali per le organizzazioni che vogliono operare in modo etico e responsabile.

4.2 La gestione delle implicazioni sociali dell'automazione

L'automazione e l'intelligenza artificiale stanno trasformando il mondo del lavoro, ma sollevano anche preoccupazioni riguardo alla perdita di posti di lavoro e all'insicurezza economica. La gestione delle implicazioni sociali dell'automazione diventa quindi un tema centrale.

Le aziende e i governi devono considerare politiche e misure per affrontare le conseguenze dell'automazione, come la riqualificazione dei lavoratori, la creazione di nuove opportunità di lavoro e la protezione sociale. La collaborazione tra settore privato, istituzioni pubbliche e organizzazioni della società civile diventa essenziale per affrontare le sfide dell'automazione in modo equo ed equilibrato.

4.3 La promozione di un ambiente di lavoro sostenibile

La sostenibilità ambientale diventa sempre più cruciale nel contesto del lavoro nel futuro. Le aziende devono adottare pratiche sostenibili per ridurre l'impatto ambientale delle loro operazioni. Ciò include l'adozione di politiche di riduzione delle emissioni di carbonio, l'efficienza energetica, il riciclaggio e l'uso responsabile delle risorse.

Inoltre, la promozione di un ambiente di lavoro sostenibile implica anche il benessere dei dipendenti. Le aziende devono considerare la salute mentale e fisica dei lavoratori, promuovere un equilibrio tra lavoro e vita privata, favorire la diversità e l'inclusione, e garantire condizioni di lavoro sicure ed etiche.

4.4 La necessità di una leadership responsabile

Per affrontare le sfide etiche e sostenibili del lavoro nel futuro, è necessaria una leadership responsabile.

I leader devono guidare con l'esempio, adottando pratiche etiche e sostenibili e promuovendo una cultura organizzativa basata su valori come l'integrità, la trasparenza e la responsabilità sociale.

Inoltre, i leader devono essere in grado di affrontare le sfide complesse e prendere decisioni che tengano conto degli interessi degli stakeholder, dell'impatto sociale e ambientale e della sostenibilità a lungo termine. Devono essere in grado di comunicare in modo efficace e coinvolgere i dipendenti nella costruzione di un futuro del lavoro etico, sostenibile e responsabile.

In conclusione, il quarto capitolo del libro "Lavorare nel Futuro" esplora l'importanza dell'etica e della sostenibilità nel contesto lavorativo. Esamina le implicazioni sociali dell'automazione, la necessità di un ambiente di lavoro sostenibile e la responsabilità della leadership nell'affrontare le sfide etiche e sostenibili del lavoro nel futuro.

C apitolo 5: Adattarsi al cambiamento e sviluppare la resilienza

5.1 La natura del cambiamento nel lavoro del futuro

Il lavoro nel futuro è caratterizzato da un cambiamento costante e rapido. Le tecnologie emergenti, le dinamiche del mercato e le esigenze dei consumatori sono solo alcune delle forze che plasmano il panorama lavorativo. È essenziale comprendere e accettare che il cambiamento sarà una costante nella vita lavorativa e imparare ad adattarsi ad esso.

5.2 Sviluppare la resilienza

La resilienza diventa un'abilità chiave nel contesto del lavoro nel futuro. Essa si riferisce alla capacità di affrontare le sfide, superare gli ostacoli e riprendersi dalle difficoltà. La resilienza non implica solo la capacità di resistere allo stress, ma anche la capacità di adattarsi, imparare dalle esperienze e crescere in modo personale e professionale.

Per sviluppare la resilienza, è importante coltivare una mentalità positiva, praticare la gestione dello stress, adottare strategie di problem solving e cercare il supporto delle persone intorno a noi. La resilienza si può allenare e potenziare attraverso l'esperienza e l'apprendimento continuo.

5.3 L'apprendimento continuo come strumento di

adattamento

Nel contesto del lavoro nel futuro, l'apprendimento continuo diventa fondamentale per adattarsi ai cambiamenti e rimanere rilevanti. Le competenze richieste sul mercato del lavoro stanno evolvendo rapidamente e acquisire nuove conoscenze e competenze diventa un elemento cruciale per la crescita professionale.

L'apprendimento continuo può avvenire attraverso diverse modalità, come la formazione professionale, la partecipazione a corsi online, la lettura di libri o l'acquisizione di esperienze sul campo. È importante essere aperti all'apprendimento, mettersi in gioco e cercare attivamente opportunità per migliorarsi.

5.4 Gestire il cambiamento organizzativo

Le organizzazioni stesse devono affrontare il cambiamento nel lavoro del futuro. La gestione del cambiamento organizzativo richiede una pianificazione accurata, la comunicazione efficace e la partecipazione attiva dei dipendenti. È importante coinvolgere i membri dell'organizzazione nel processo di cambiamento, fornendo loro le risorse e il supporto necessari per affrontare le nuove sfide.

Inoltre, le organizzazioni devono favorire una cultura che promuova l'agilità, l'innovazione e la flessibilità. Devono essere aperte al feedback, pronte a sperimentare nuove idee e disposte a modificare le pratiche esistenti per adattarsi alle nuove dinamiche del mercato.

In conclusione, il quinto capitolo del libro "Lavorare

nel Futuro" mette in luce l'importanza di adattarsi al cambiamento e sviluppare la resilienza nel contesto del lavoro in continua evoluzione. Esamina come sviluppare la resilienza personale, l'apprendimento continuo come strumento di adattamento e la gestione del cambiamento organizzativo. Sottolinea l'importanza di coltivare una mentalità aperta, flessibile e pronta ad affrontare le sfide del futuro del lavoro.

Capitolo 6: Collaborazione e lavoro di squadra nel futuro

6.1 L'importanza della collaborazione nel contesto lavorativo

La collaborazione è diventata un elemento chiave nel lavoro del futuro. Le sfide complesse e i progetti multidisciplinari richiedono il coinvolgimento di diverse competenze e prospettive. La collaborazione efficace consente di combinare le diverse expertise, condividere conoscenze e raggiungere risultati migliori.

La collaborazione può avvenire sia all'interno delle organizzazioni, coinvolgendo dipendenti di diverse funzioni e reparti, sia a livello interorganizzativo, attraverso partenariati e collaborazioni esterne. La tecnologia gioca un ruolo fondamentale nel facilitare la collaborazione, consentendo la condivisione di informazioni, la comunicazione in tempo reale e la gestione dei progetti.

6.2 Sfide e opportunità della collaborazione virtuale

Nel contesto del lavoro nel futuro, sempre più collaborazioni avvengono a distanza, attraverso strumenti digitali e piattaforme online. La collaborazione virtuale presenta sfide uniche legate alla comunicazione, alla coesione del team e alla gestione delle differenze culturali e linguistiche.

Tuttavia, la collaborazione virtuale offre anche opportunità significative. Consente di coinvolgere persone provenienti da diverse parti del mondo, superare le barriere geografiche e sfruttare le competenze specializzate. È fondamentale sviluppare competenze di comunicazione virtuale, gestione dei conflitti e fiducia reciproca per rendere efficace la collaborazione virtuale.

6.3 Favorire una cultura di collaborazione

La promozione di una cultura di collaborazione diventa essenziale per sfruttare appieno i benefici della collaborazione nel lavoro del futuro. Le organizzazioni devono incentivare la condivisione delle conoscenze, incoraggiare la collaborazione interfunzionale e creare un ambiente di lavoro inclusivo e aperto.

La leadership gioca un ruolo fondamentale nella promozione della collaborazione. I leader devono stabilire una visione condivisa, favorire la fiducia e la cooperazione tra i membri del team e riconoscere e premiare i risultati ottenuti attraverso la collaborazione.

6.4 Strumenti e pratiche per la collaborazione efficace

Esistono numerosi strumenti e pratiche che possono favorire la collaborazione efficace nel lavoro del futuro. Piattaforme di gestione dei progetti, strumenti di comunicazione virtuale, spazi di lavoro condivisi e metodologie agili sono solo alcuni degli strumenti e approcci che possono facilitare la collaborazione.

Inoltre, la creazione di spazi fisici e virtuali che favoriscono l'interazione e lo scambio di idee può stimolare la collaborazione e l'innovazione. La condivisione delle migliori pratiche, la creazione di reti di contatti e la promozione dell'apprendimento reciproco sono anche strategie che favoriscono la collaborazione efficace.

In conclusione, il sesto capitolo del libro "Lavorare nel Futuro" esplora l'importanza della collaborazione e del lavoro di squadra nel contesto lavorativo in evoluzione. Esamina le sfide e le opportunità della collaborazione virtuale, l'importanza di una cultura di collaborazione e gli strumenti e le pratiche per favorire la collaborazione efficace. Mette in evidenza come la collaborazione sia un elemento chiave per affrontare le sfide complesse e raggiungere risultati significativi nel lavoro del futuro.

Capitolo 7: Skill e competenze chiave per il futuro del lavoro

7.1 L'evoluzione delle competenze richieste

Il lavoro nel futuro richiede un insieme di competenze diverso rispetto al passato. Con l'avanzamento delle tecnologie e la trasformazione dei settori, alcune competenze tradizionali diventano obsolete, mentre emergono nuove competenze richieste per affrontare le sfide del futuro.

Le competenze tecniche e digitali sono sempre più importanti, con l'automazione e l'intelligenza artificiale che trasformano molti aspetti delle attività lavorative. Allo stesso tempo, competenze come la creatività, la pensiero critico, la gestione del tempo e la resilienza diventano ancora più cruciali nel contesto del lavoro nel futuro.

7.2 Competenze trasversali e soft skills

Le competenze trasversali, chiamate anche soft skills o competenze socio-emotive, sono essenziali per il successo nel lavoro del futuro. Queste competenze includono la comunicazione efficace, la collaborazione, il pensiero critico, la capacità di risolvere problemi complessi, l'adattabilità, la leadership e l'intelligenza emotiva.

Le competenze trasversali sono sempre più richieste dalle aziende poiché consentono ai lavoratori di adattarsi rapidamente ai cambiamenti, di lavorare in modo collaborativo e di affrontare situazioni complesse. Queste competenze sono spesso difficili da automatizzare e diventano un elemento distintivo per il successo professionale nel futuro del lavoro.

7.3 L'apprendimento continuo come competenza chiave
Nel contesto del lavoro nel futuro, l'apprendimento continuo diventa una competenza fondamentale. La capacità di imparare nuove competenze, acquisire conoscenze e adattarsi rapidamente ai cambiamenti diventa essenziale per rimanere rilevanti e competitivi sul mercato del lavoro.

L'apprendimento continuo può avvenire attraverso l'accesso a risorse educative online, la partecipazione a corsi di formazione, lo sviluppo di reti professionali e l'acquisizione di esperienze sul campo. La volontà di imparare e la capacità di apprendere in modo autonomo diventano abilità preziose per adattarsi al futuro del lavoro in continua evoluzione.

7.4 Il ruolo delle aziende e delle istituzioni nell'acquisizione di competenze
Le aziende e le istituzioni educative hanno un ruolo importante nell'aiutare i lavoratori a sviluppare le competenze necessarie per il futuro del lavoro. Le aziende possono offrire programmi di formazione interni, investire nella riqualificazione dei dipendenti e promuovere una cultura di apprendimento continuo.

Le istituzioni educative, d'altra parte, devono rivedere e aggiornare i loro programmi per fornire agli studenti le competenze richieste dal mercato del lavoro. Devono mettere l'accento sullo sviluppo delle competenze trasversali e digitali, oltre alle competenze tecniche specifiche di ciascun settore.

In conclusione, il settimo capitolo del libro "Lavorare nel Futuro" esplora le competenze chiave per affrontare le sfide del lavoro nel futuro. Discute dell'evoluzione delle competenze richieste, delle competenze trasversali e delle soft skills, dell'apprendimento continuo come competenza fondamentale e del ruolo delle aziende e delle istituzioni nell'acquisizione di competenze. Sottolinea l'importanza di sviluppare un insieme diversificato di competenze per adattarsi al panorama lavorativo in rapida evoluzione.

Conclusioni

In conclusione, il libro "Lavorare nel Futuro" si è proposto di esplorare le sfide e le opportunità che caratterizzano il mondo del lavoro in evoluzione. Durante i vari capitoli, abbiamo analizzato diversi aspetti fondamentali per comprendere come il lavoro sta cambiando e come possiamo affrontare con successo tali cambiamenti.

Nel primo capitolo, abbiamo esaminato i fattori che guidano la trasformazione del lavoro, come l'automazione, la globalizzazione e le nuove tecnologie. Abbiamo compreso che tali cambiamenti possono portare a nuove opportunità, ma richiedono anche una continua adattabilità e una predisposizione al cambiamento.

Nel secondo capitolo, ci siamo concentrati sulle competenze e le abilità richieste nel futuro del lavoro. Abbiamo riconosciuto che le competenze tecniche e digitali sono sempre più importanti, ma abbiamo anche sottolineato l'importanza delle competenze trasversali, come la comunicazione, la collaborazione e la creatività.

Nel terzo capitolo, abbiamo esplorato l'etica e la sostenibilità nel contesto lavorativo. Abbiamo compreso l'importanza di considerare gli interessi degli stakeholder, l'impatto sociale e ambientale e la necessità di un approccio responsabile verso il lavoro.

Nel quarto capitolo, abbiamo affrontato il tema della resilienza e dell'adattamento al cambiamento. Abbiamo compreso che la capacità di affrontare le sfide, superare gli ostacoli e imparare dalle esperienze diventa essenziale nel mondo del lavoro in continua evoluzione.

Il quinto capitolo ha approfondito il concetto di collaborazione e lavoro di squadra nel futuro del lavoro. Abbiamo compreso l'importanza di combinar le diverse competenze, favorire la collaborazione virtuale e promuovere una cultura di collaborazione all'interno delle organizzazioni.

Nel sesto capitolo, ci siamo concentrati sulle skill e competenze chiave per il futuro del lavoro. Abbiamo evidenziato l'evoluzione delle competenze richieste, l'importanza delle competenze trasversali e la necessità di un'apprendimento continuo come competenza fondamentale.

Infine, nel settimo capitolo, abbiamo considerato le implicazioni delle competenze nel contesto delle aziende e delle istituzioni educative. Abbiamo sottolineato il ruolo delle aziende nel fornire programmi di formazione interni e della formazione universitaria nel fornire competenze adatte alle esigenze del mercato.

In sintesi, il libro "Lavorare nel Futuro" ci ha guidato attraverso un viaggio di comprensione e preparazione per affrontare il futuro del lavoro. Abbiamo appreso che l'adattabilità, la continua formazione e lo sviluppo di competenze trasversali diventano elementi essenziali per avere successo in un panorama lavorativo in continua evoluzione. Prepararsi al cambiamento diventa cruciale per sfruttare le opportunità che il futuro del lavoro offre e per creare un ambiente lavorativo etico, sostenibile e responsabile. Con la giusta mentalità e le competenze adeguate, possiamo affrontare il futuro del lavoro con fiducia e prosperità.

Glossario

Automazione: L'uso di tecnologie e sistemi per eseguire compiti o processi in modo automatico, senza la necessità di intervento umano.

Collaborazione virtuale: La collaborazione che

avviene attraverso strumenti digitali e piattaforme online, consentendo a persone distanti geograficamente di lavorare insieme in tempo reale.

Competenze trasversali: Competenze che vanno oltre le competenze tecniche e specifiche di un settore e includono abilità come la comunicazione, la collaborazione, il pensiero critico e l'intelligenza emotiva.

Creatività: La capacità di generare idee nuove, originali e innovative, e di pensare in modo non convenzionale per risolvere problemi o creare valore.

Intelligenza artificiale: Un campo dell'informatica che si occupa dello sviluppo di sistemi o programmi in grado di svolgere attività che richiedono intelligenza umana, come il riconoscimento di immagini o il linguaggio naturale.

Pensiero critico: La capacità di valutare in modo obiettivo, analizzare e interpretare informazioni o situazioni, e di formulare giudizi e decisioni basate su una valutazione accurata dei fatti.

Resilienza: La capacità di affrontare le sfide, superare gli ostacoli e adattarsi alle situazioni difficili o inaspettate.

Soft skills: Competenze socio-emotive, come la comunicazione efficace, la gestione del tempo, la leadership e l'empatia, che sono essenziali per il successo professionale e le relazioni interpersonali.

Sostenibilità: Un approccio che considera l'impatto sociale, ambientale ed economico delle azioni e delle decisioni, con l'obiettivo di creare un equilibrio tra le esigenze attuali e quelle delle generazioni future.

Tecnologie digitali: Tecnologie basate sull'informatica e l'elettronica, come l'intelligenza artificiale, l'Internet of Things, il cloud computing e la realtà virtuale, che stanno trasformando il modo in cui lavoriamo e interagiamo.

Trasformazione digitale: Il processo di adozione e integrazione delle tecnologie digitali all'interno delle organizzazioni, al fine di migliorare l'efficienza operativa, l'innovazione e la creazione di valore.

Dedica

Dedico questo libro a tutte le persone che si affacciano al futuro del lavoro con curiosità e determinazione. A coloro che abbracciano il cambiamento come opportunità di crescita e si adattano alle sfide con coraggio e resilienza. Ai lavoratori che cercano di sviluppare competenze nuove e trasformarsi in continuazione. Ai leader che promuovono una cultura di collaborazione e sostengono il benessere dei loro dipendenti. Che questo libro possa essere una fonte di ispirazione e guida per affrontare con successo il mondo del lavoro in continua evoluzione.

www.ingramcontent.com/pod-product-compliance
Lightning Source LLC
Chambersburg PA
CBHW072239230526
45466CB00025B/2169